Impressum
Verlag: BABADADA GmbH, Nedderfeld 112 , 22529 Hamburg
Geschäftsführer / Verlagsleitung: Harald Hof
Druck: Books on Demand GmbH, In de Tarpen 42, 22848 Norderstedt

Imprint
Publisher: BABADADA GmbH, Nedderfeld 112 , 22529 Hamburg, Germany
Managing Director / Publishing direction: Harald Hof
Print: Books on Demand GmbH, In de Tarpen 42, 22848 Norderstedt, Germany

la escuela

مدرسه

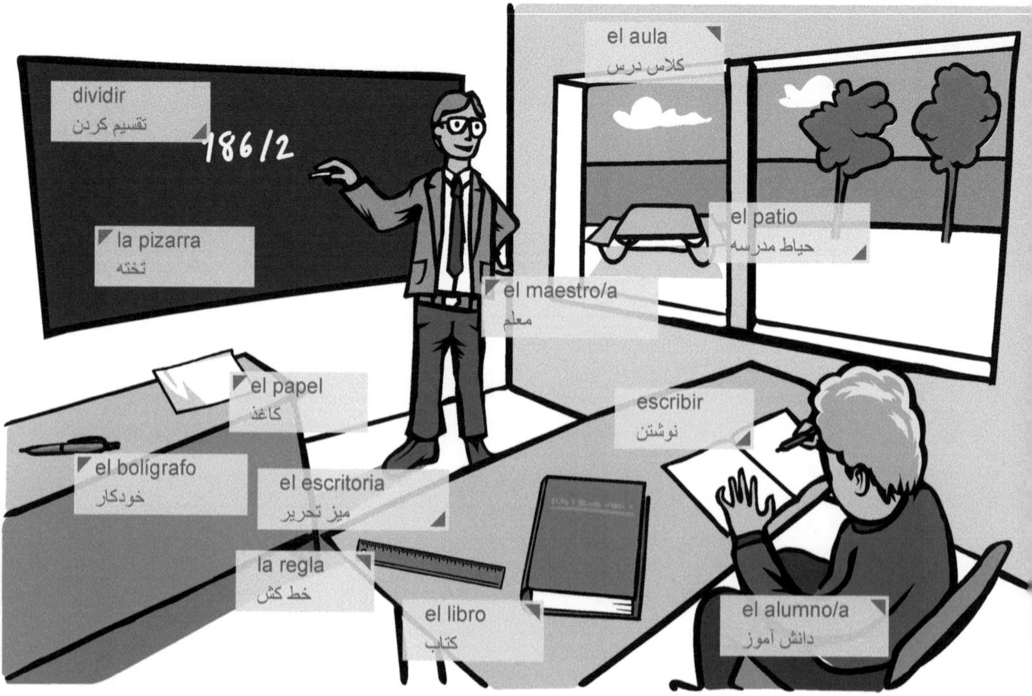
el aula
کلاس درس
dividir
تقسیم کردن
186/2
la pizarra
تخته
el patio
حیاط مدرسه
el maestro/a
معلم
el papel
کاغذ
escribir
نوشتن
el bolígrafo
خودکار
el escritoria
میز تحریر
la regla
خط کش
el libro
کتاب
el alumno/a
دانش آموز

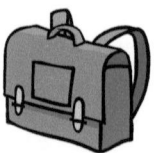

la cartera

کیف مدرسه

la caja de lápices

جامدادی

el lápiz

مداد

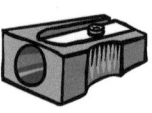

el sacapuntas

تراش

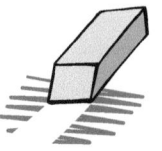

la goma de borrar

پاک کن

el cuaderno de dibujo

دفتر رسم

el dibujo

طراحی

el pincel

قلم مو

la caja de pinturas

جعبه ی آبرنگ

las tijeras

قیچی

el pegamento

چسب

el cuaderno de ejercicios

کتاب تمرین

los deberes

تکلیف خانه

el número

رقم

sumar

جمع کردن

restar

تفریق کردن

multiplicar

ضرب کردن

calcular

محاسبه کردن

la letra

حرف الفبا

el alfabeto

الفبا

la palabra

کلمه

el texto

متن

leer

خواندن

la tiza

گچ

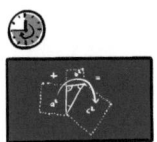

la lección

درس

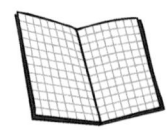

el cuaderno de notas

ثبت نام

el examen

امتحان

el certificado

مدرک رسمی

el uniforme

لباس مدرسه

la educación

تحصیلات

la enciclopedia

دانشنامه

la universidad

دانشگاه

el microscopio

میکروسکوپ

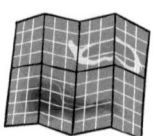

el mapa

نقشه

la papelera

سبد کاغذ باطله

el hotel
هتل

el albergue
مسافرخانه

oficina de cambio de divisas
صرافی

la maleta
چمدان

el coche
اتومبیل

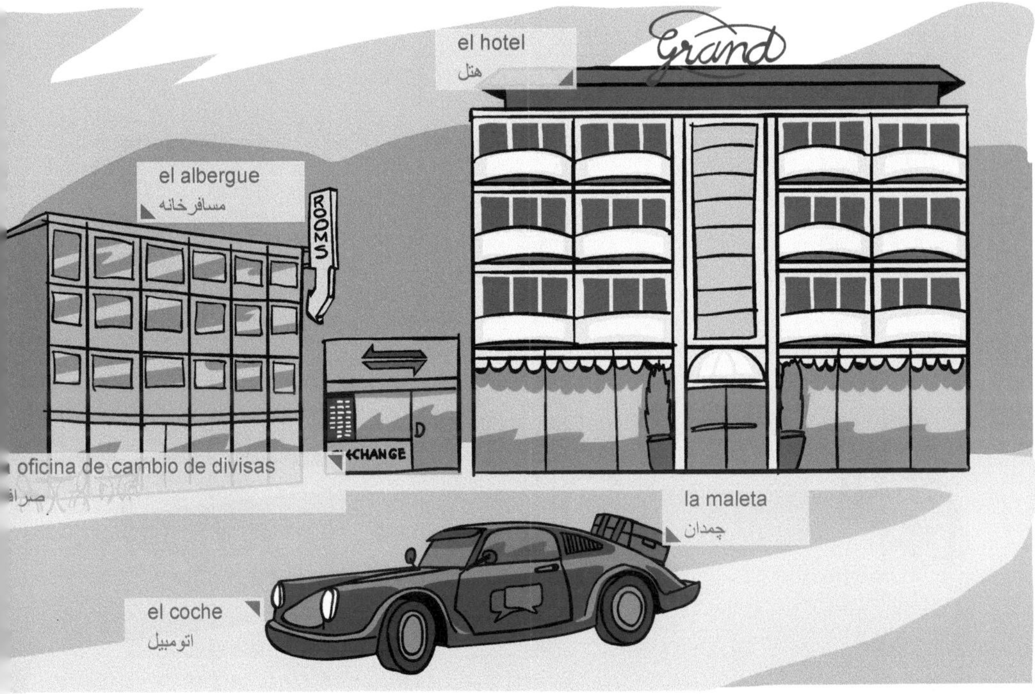

el idioma
زبان

sí / no
بله / خیر

Vale
اکی

hola
سلام

el traductor
مترجم

Gracias
ممنون

¿cuánto es...?

قیمت ... چه قدر است؟

No entiendo

من متوجه نمی شوم

el problema

مشکل

¡Buenas tardes!

عصر بخیر! / شب بخیر!

¡Buenos días!

صبح بخیر!

¡Buenas noches!

شب بخیر!

adiós

خدانگهدار

la dirección

جهت

el equipaje

بار سفر

la bolsa

کیف

la mochila

کوله پشتی

el invitado

مهمان

la habitación

اتاق

el saco de dormir

کیسه خواب

la tienda de campaña

خیمه

la información turística

مرکز راهنمای گردشگران

la playa

ساحل

la tarjeta de crédito

کارت اعتباری

el desayuno

صبحانه

el almuerzo

نهار

la cena

شام

el billete

بلیط

el ascensor

آسانسور

el sello

مهر

la frontera

مرز

la aduana

گمرک

la embajada

سفارتخانه

la visa

ویزا

el pasaporte

گذرنامه

el transporte

حمل و نقل

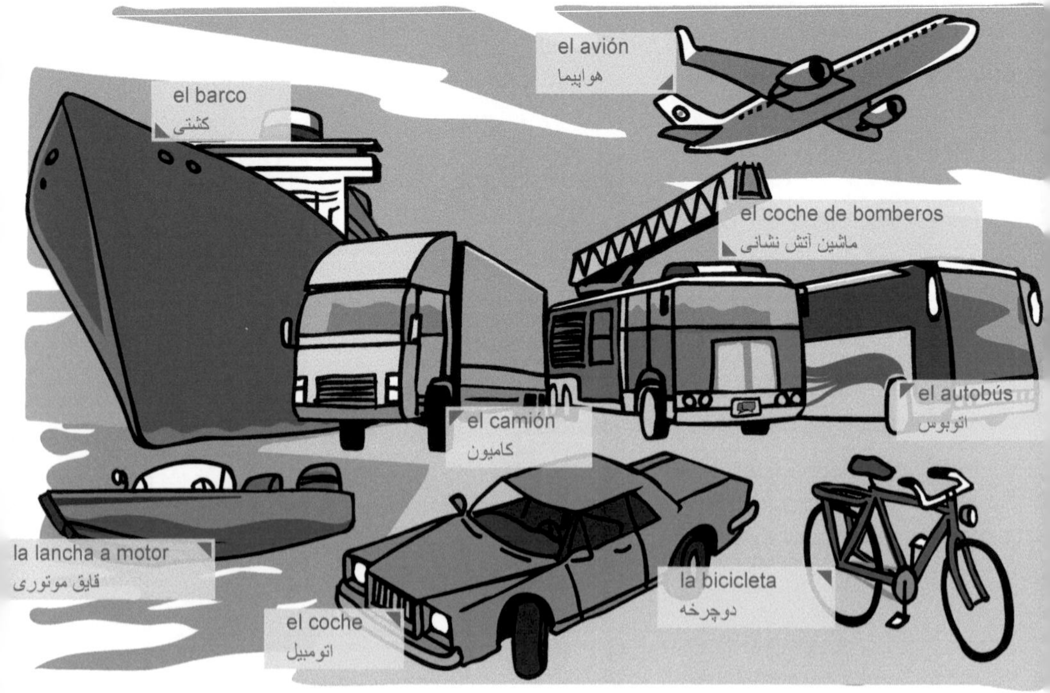

el avión
هواپیما
el barco
کشتی
el coche de bomberos
ماشین آتش نشانی
el autobús
اتوبوس
el camión
کامیون
la lancha a motor
قایق موتوری
la bicicleta
دوچرخه
el coche
اتومبیل

el transbordador

کشتی مسافربری

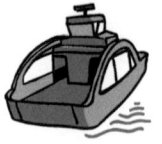

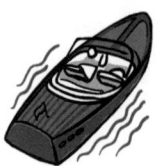

la barca

قایق

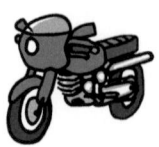

la moto

موتورسیکلت

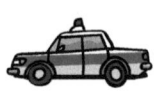

el coche de policía

ماشین پلیس

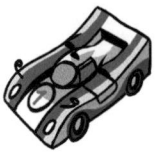

el coche de carreras

ماشین مسابقه

el coche de alquiler

ماشین کرایه ای

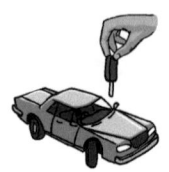

el préstamo de vehículos

به اشتراک گذاری اتوموبیل

la grúa

جرثقیل

el camión de la basura

ماشین حمل زباله

el motor

موتور

la gasolina

بنزین

la gasolinera

پمپ بنزین

la señal de tráfico

تابلو راهنمایی و رانندگی

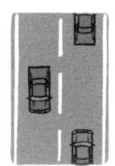

el tráfico

عبور و مرور

el atasco

ترافیک

el aparcamiento

پارکینگ

la estación de tren

ایستگاه قطار

las vías

ریل راه آهن

el tren

قطار

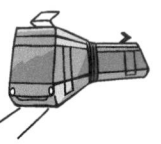

el tranvía

قطار برقی

el vagón

واگن

el helicóptero

هليكوپتر

el aeropuerto

فرودگاه

la torre

برج

el pasajero

مسافر

el contenedor

كانتينر

la caja de cartón

كارتن

la carretilla

گاری

la cesta

سبد

despegar / aterrizar

به پرواز درآمدن / فرود آمدن

la ciudad

شهر

el pueblo

دهکده

el centro de la ciudad

مرکز شهر

la casa

خانه

el cine
سینما

el anuncio
تبلیغ

la farola
چراغ خیابان

la calle
خیابان

el taxi
تاکسی

el quiosco
دکه

el peatón
عابر پیاده

la acera
پیاده رو

el cruce
چهارراه

el paso de cebra
خط کشی عابر پیاده

contenedor de basura
سطل آشغال بزرگ

el semáforo
چراغ راهنما

CINEMA

la cabaña
كلبه

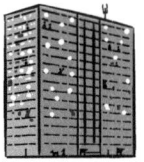

el apartamento
آپارتمان

la estación de tren
ایستگاه قطار

el ayuntamiento
ساختمان شهرداری

el museo
موزه

la escuela
مدرسه

la universidad

دانشگاه

el banco

بانک

el hospital

بیمارستان

el hotel

هتل

la farmacia

داروخانه

la oficina

اداره

la librería

کتابفروشی

la tienda de campaña

مغازه

la floristería

گل فروشی

el supermercado

سوپرمارکت

el mercado

بازار

los grandes almacenes

فروشگاه بزرگ

la pescadería

ماهی فروش

el centro comercial

مرکز خرید

el puerto

بندر

el parque

پارک

el banco

نیمکت

el puente

پل

las escaleras

پله

el metro

مترو

el túnel

تونل

la parada de autobús

ایستگاه اتوبوس

el bar

میخانه

el restaurante

رستوران

el buzón

صندوق پست

el poste indicador

تابلوی خیابان

el parquímetro

دستگاه پارکومتر

el zoo

باغ وحش

la piscina

استخر شنای عمومی

la mezquita

مسجد

la granja

مزرعه

la contaminación

آلودگی محیط زیست

el cementerio

قبرستان

la iglesia

کلیسا

el patio de juego

زمین بازی

el templo

معبد

el paisaje

چشم انداز

la hoja
برگ

la señal
تابلوی راهنمای مسیر

el camino
راه

el prado
چمنزار

la piedra
سنگ

el excursionista
راه نورد

el árbol
درخت

el río
رودخانه

la hierba
چمن

la flor
گل

el valle

دره

la colina

تپه

el lago

دریاچه

el bosque

جنگل

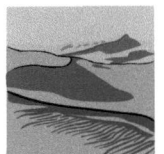

el desierto

بیابان

el volcán

کوه آتشفشان

el castillo

قلعه

el arcoíris

رنگین کمان

el champiñón

قارچ

la palmera

درخت نخل

el mosquito

پشه

la mosca

مگس

la hormiga

مورچه

la abeja

زنبور

la araña

عنکبوت

el escarabajo

سوسک

la rana

قورباغه

la ardilla

سنجاب

el erizo

جوجه تیغی

la liebre

خرگوش صحرایی

la lechuza

جغد

el pájaro

پرنده

el cisne

قو

el jabalí

گراز

el ciervo

گوزن نر

el alce

گوزن شمالی

la presa

سد آب

la turbina eólica

توربین بادی

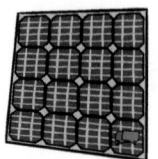

el panel solar

صفحه ی خورشیدی

el clima

آب و هوا

el restaurante
رستوران

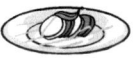

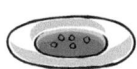

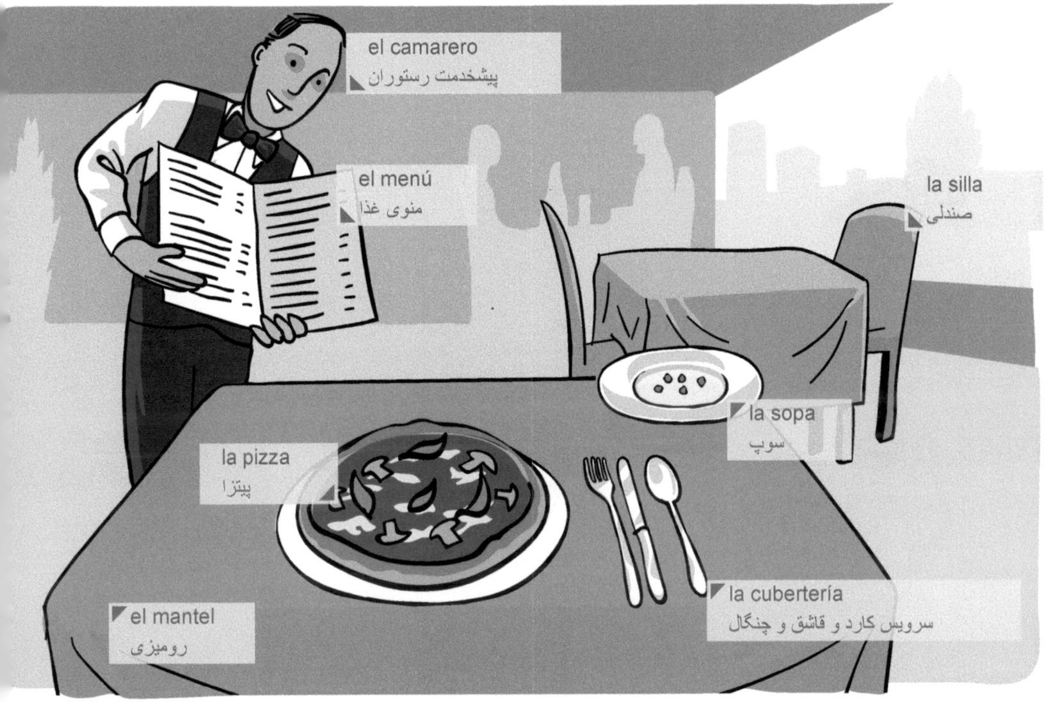

el camarero
پیشخدمت رستوران
el menú
منوی غذا
la silla
صندلی
la sopa
سوپ
la pizza
پیتزا
la cubertería
سرویس کارد و قاشق و چنگال
el mantel
رومیزی

el primer plato

پیش‌غذا

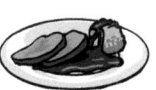

el plato principal

غذای اصلی

el postre

دسر

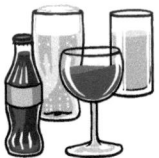

las bebidas

نوشیدنی ها

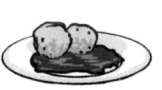

la comida

غذا

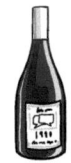

la botella

بطری

la comida rápida

فست فود

la comida callejera

اغذیه خیابانی

la tetera

قوری

el azucarero

قندان

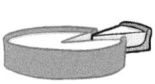

la porción

پُرس غذا

la cafetera expreso

دستگاه اسپرسو

la trona

صندلی پایه بلند غذاخوری بچه

la cuenta

صورتحساب

la bandeja

سینی

el cuchillo

چاقو

el tenedor

چنگال

la cuchara

قاشق

la cucharilla

قاشق چایخوری

la servilleta

دستمال سفره

el vaso

لیوان

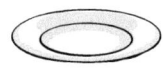

el plato

بشقاب

el plato hondo

بشقاب سوپخوری

el platillo

نعلبکی

la salsa

سس

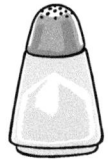

el salero

نمکدان

el molinillo de pimienta

فلفل ساب

el vinagre

سرکه

el aceite

روغن خوراکی

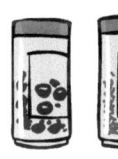

las especias

ادویه جات

el ketchup

سس کچاپ

la mostaza

سس خردل

la mayonesa

سس مایونز

el supermercado

سوپرمارکت

la oferta especial
پیشنهاد ویژه
FOR
el cliente
مشتری
los lácteos
لبنیات
la fruta
میوه جات
el carro de compra
چرخ دستی خرید

BUTCHERS

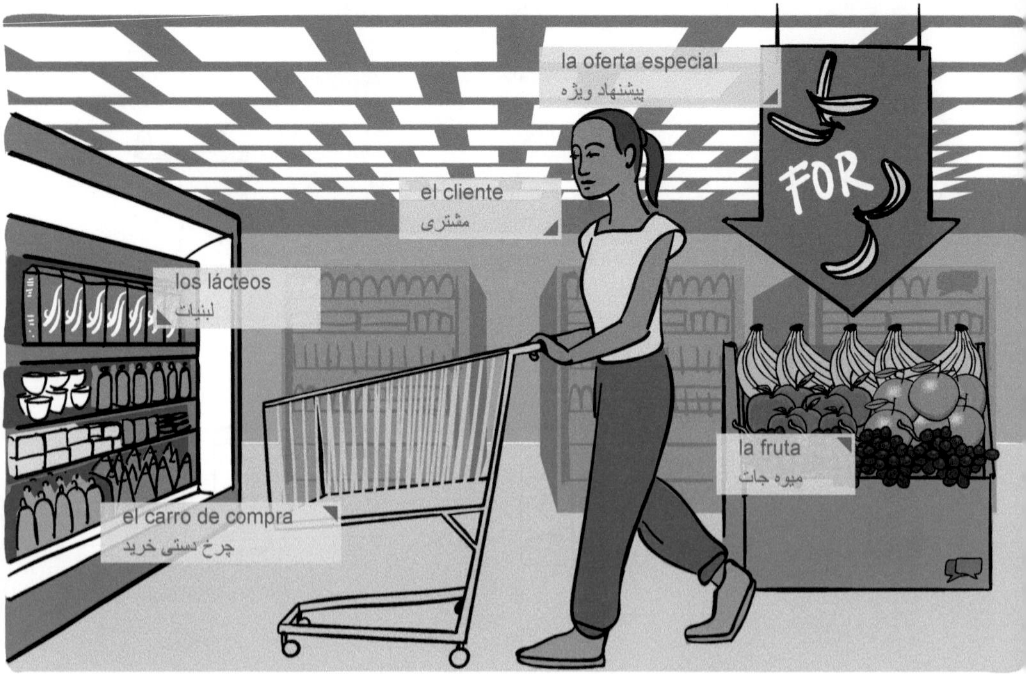

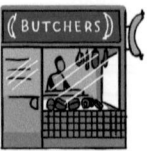

la carniceria

قصابی

BAKERY

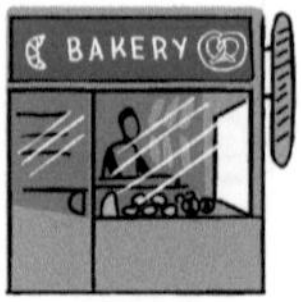

la panadería

نانوایی

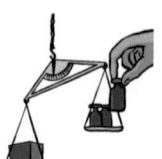

pesar

وزن کردن

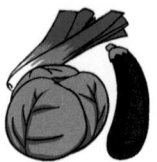

las verduras

سبزیجات

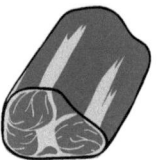

la carne

گوشت

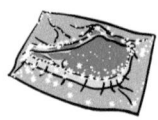

los alimentos congelados

غذای منجمد

los fiambres

مخلوطی از انواع کالباس یا پنیر که
ورقه ای بریده شده باشند

las conservas

غذای کنسروی

el detergente en polvo

پودر لباسشویی

los dulces

شیرینی جات

productos de uso doméstico

لوازم خانگی

productos de limpieza

ماده شوینده و پاک کننده

la vendedora

فروشنده

la caja de cartón

صندوق پرداخت

el cajero

صندوقدار

la lista de la compra

لیست خرید

el horario de atención al
público

ساعات کار

la cartera

کیف پول

la tarjeta de crédito

کارت اعتباری

la bolsa de plástico

کیف

la bolsa de plástico

کیسه ی پلاستیکی

el agua

آب

el zumo

آبميوه

la leche

شير

la cola

نوشابه كوكاكولا

el vino

شراب

la cerveza

آبجو

el alcohol

الكل

el cacao

كاكائو

el té

چای

el café

قهوه

el expreso

قهوه اسپرسو

el capuchino

كاپوچينو

el plátano

موز

la manzana

سیب

la naranja

پرتقال

el melón

انواع هندوانه و خربزه

el limón

لیمو

la zanahoria

هویج

el ajo

سیر

el bambú

نی بامبو

la cebolla

پیاز

el champiñón

قارچ

las avellanas

آجیل

los fideos

ماکارونی

las espagueti

اسپاگتی

el arroz

برنج

la ensalada

سالاد

las patatas fritas

سیب زمینی سرخ کرده

las patatas fritas

سیب زمینی سرخ شده

la pizza

پیتزا

la hamburguesa

همبرگر

el sándwich

ساندویچ

el filete

شنیتسل

el jamón

ژامبون خوک

le salami

سالامی

la salchicha

سوسیس

el pollo

مرغ

el asado

نوعی گوشت سرخ شده

el pescado

ماهی

los copos de avena

جوی پرک شده

el muesli

نوعی صبحانه مخلوطی از برگه ذرت و
میوه های خشک شده و خشکبار که
معمولا با شیر خورده می شود

los copos de maíz

کورن‌فلکس

la harina

آرد

el cruasán

کرواسان

el panecillo

نان برونتشن

el pan

نان

la tostada

نان تست

las galletas

بیسکویت

la mantequilla

کره

la cuajada

کشک

el pastel

کیک

el huevo

تخم مرغ

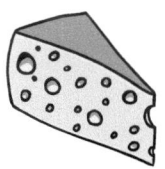

el huevo frito

تخم مرغ نیمرو

el queso

پنیر

el helado

بستنی

el azúcar

شکر

la miel

عسل

la mermelada

مربا

la crema de turrón

کرم شکلاتی بادامی

el curry

ادویه کاری

la comida - غذا

la granja
مزرعه

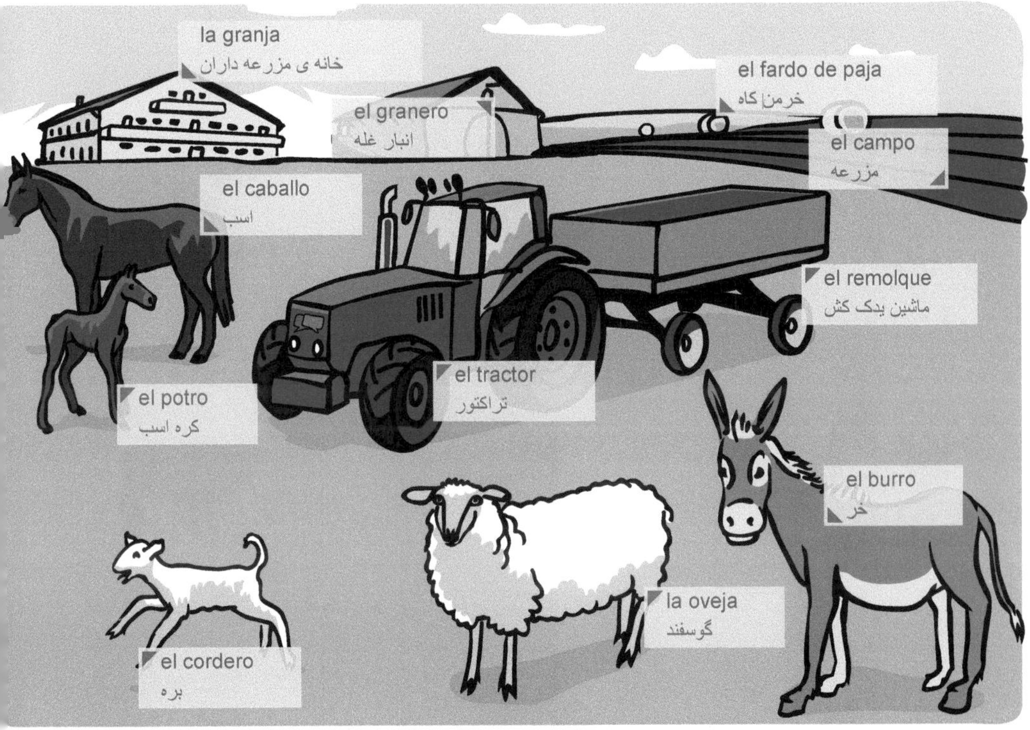
la granja
خانه ی مزرعه داران
el granero
انبار غله
el fardo de paja
خرمن کاه
el campo
مزرعه
el caballo
اسب
el remolque
ماشین یدک کش
el tractor
تراکتور
el potro
کره اسب
el burro
خر
la oveja
گوسفند
el cordero
بره

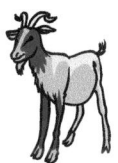

la cabra

بز

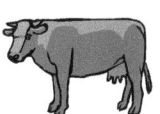

la vaca

گاو ماده

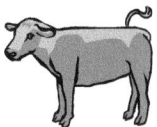

el ternero

گوساله

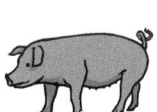

el cerdo

خوک

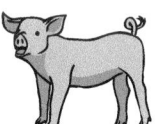

el cerdito

بچه خوک

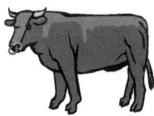

el toro

گاو نر

el ganso

غاز

el pato

اردک

el pollo

جوجه

la gallina

مرغ

el gallo

خروس

la rata

موش صحرایی

el gato

گربه

el ratón

موش

el buey

گاو نر اخته

el perro

سگ

la perrera

لانه ی سگ

la manguera

شلنگ باغبانی

la regadera

آبپاش

la guadaña

داس دسته بلند

el arado

گاوآهن

la hoz

داس

la azada

کج بیل

la horca

چنگک باغبانی

el hacha

تبر

la carretilla

فرقون

el abrevadero

آبشخور

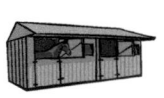

la lechera

بطری نگهداری شیر

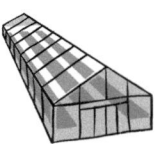

el saco

کیسه

la valla

حصار

el establo

اصطبل

el invernadero

گلخانه

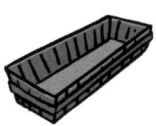

el suelo

خاک

la semilla

بذر

el fertilizador

کود

la cosechadora

ماشین کمباین

cosechar

برداشت کردن محصول

la cosecha

محصول

el ñame

تمیس

el trigo

گندم

el soja

سویا

la patata

سیب زمینی

el maíz

ذرت

la semilla de colza

کلزا

el árbol frutal

درخت میوه

la mandioca

گیاه مانیوک

las cereales

غلات

la casa
خانه

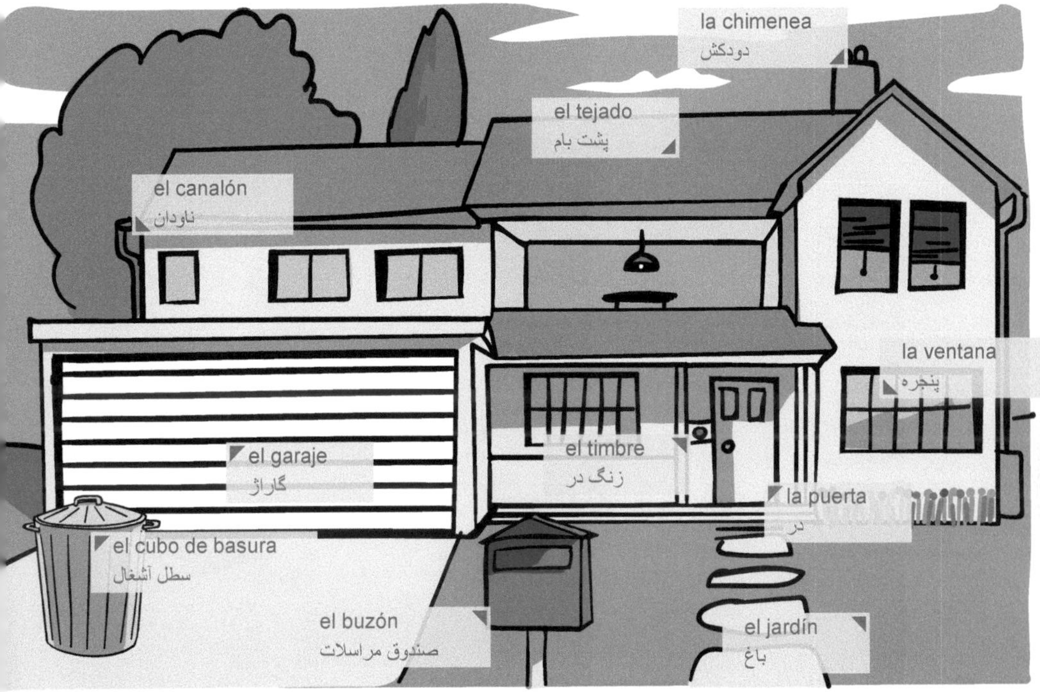
la chimenea
دودکش
el tejado
پشت بام
el canalón
ناودان
la ventana
پنجره
el garaje
گاراژ
el timbre
زنگ در
la puerta
در
el cubo de basura
سطل آشغال
el buzón
صندوق مراسلات
el jardín
باغ

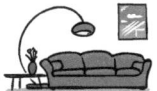

la sala
اتاق نشیمن

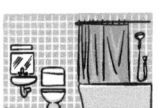

el cuarto de baño
حمام

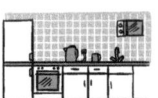

la cocina
آشپزخانه

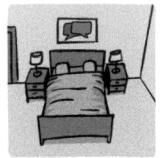

el dormitorio
اتاق خواب

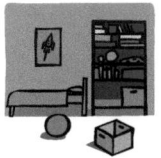

la habitación de los niños
اتاق بچه

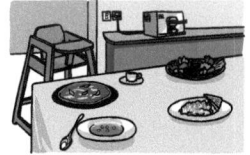

el comedor
ناهارخوری

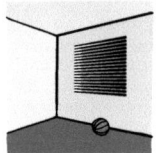

el suelo

کف زمین

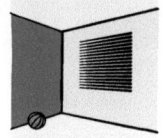

la pared

دیوار

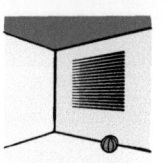

el techo

سقف

el sótano

زیرزمین

la sauna

سونا

el balcón

بالکن

la terraza

تراس

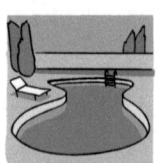

la piscina

استخر

el cortacésped

ماشین چمن‌زنی

la sábana

ملافه

la colcha

روتختی

la cama

تخت خواب

la escoba

جارو

el balde

سطل

el interruptor

سویچ یا کلید

la sala

اتاق نشیمن

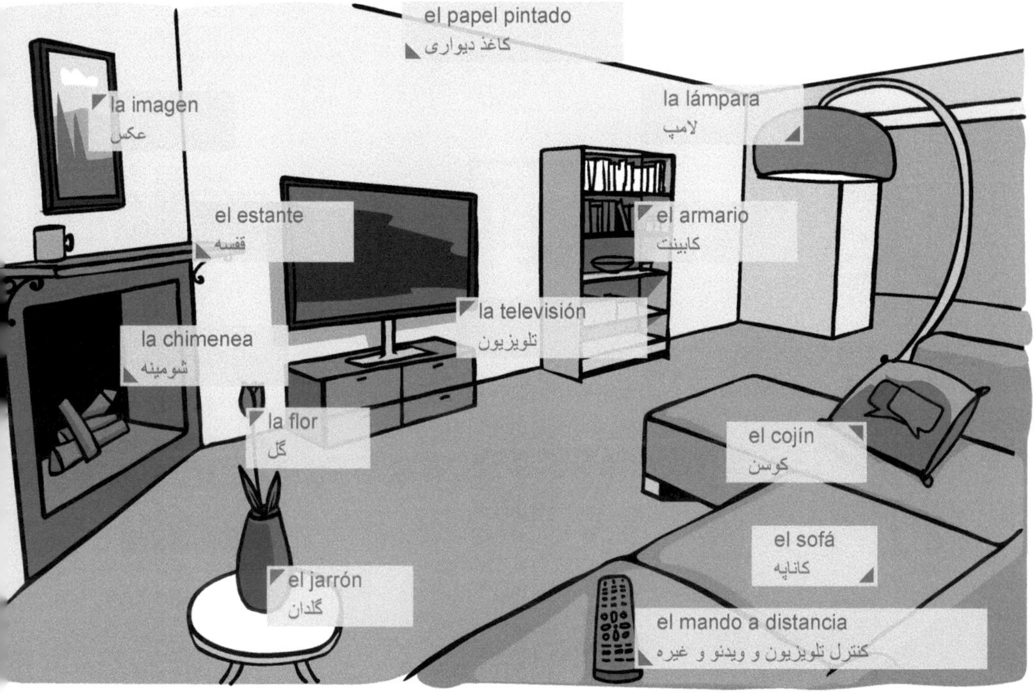

el papel pintado
کاغذ دیواری
la imagen
عکس
la lámpara
لامپ
el estante
قفسه
el armario
کابینت
la televisión
تلویزیون
la chimenea
شومینه
la flor
گل
el cojín
کوسن
el sofá
کاناپه
el jarrón
گلدان
el mando a distancia
کنترل تلویزیون و ویدئو و غیره

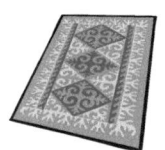

la alfombra

فرش

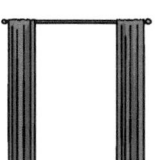

la cortina

پرده

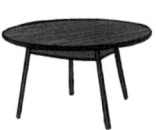

la mesa

میز

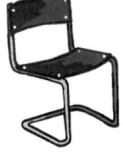

la silla

صندلی

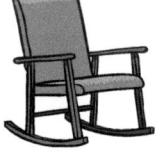

el mecedora

صندلی گهواره ایی

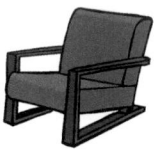

la butaca

صندلی راحتی

el libro

كتاب

la manta

لحاف

la decoración

دكوراسيون

la leña

هيزم

la película

فيلم

el equipo de música

دستگاه ضبط صوت

la llave

كليد

el periódico

روزنامه

la pintura

تابلو نقاشی

el póster

پوستر

la radio

راديو

el cuaderno

دفترچه يادداشت

la aspiradora

جاروبرقی

el cactus

كاكتوس

la vela

شمع

la cocina
آشپزخانه

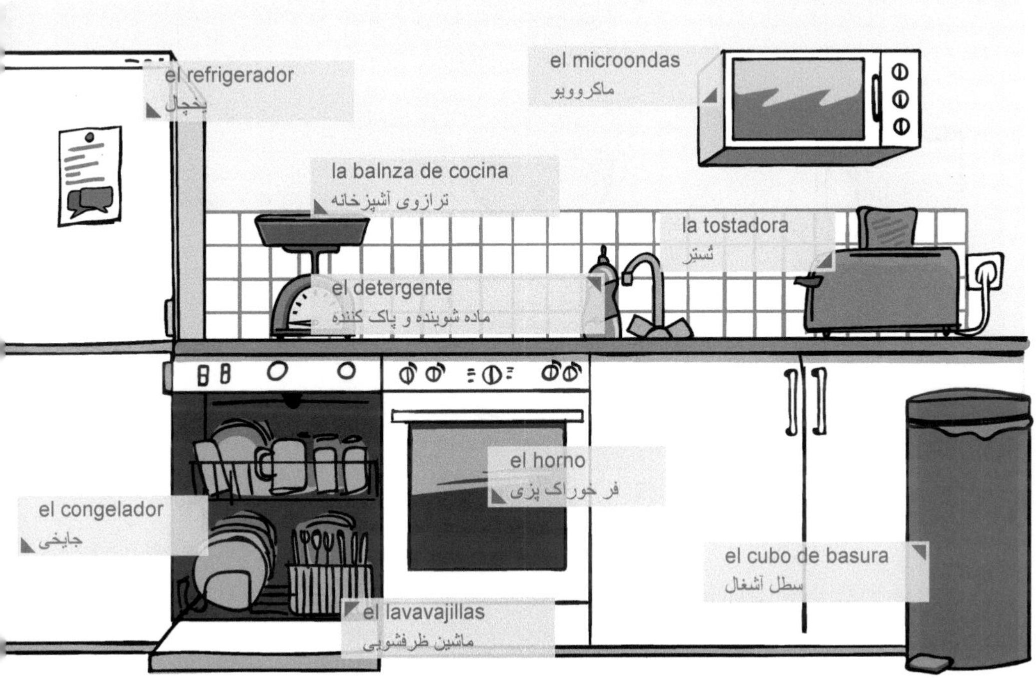
el refrigerador
یخچال
el microondas
ماکروویو
la balnza de cocina
ترازوی آشپزخانه
la tostadora
تُستر
el detergente
ماده شوینده و پاک کننده
el horno
فر خوراک پزی
el congelador
جایخی
el cubo de basura
سطل آشغال
el lavavajillas
ماشین ظرفشویی

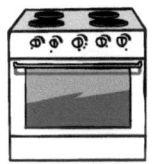

la olla a presión
اجاق گاز

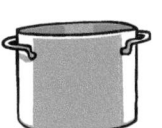

la olla
قابلمه

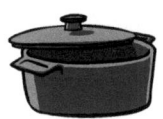

la olla de hierro fundido
قابلمه چدنی

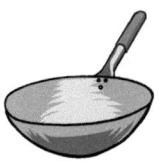

el wok
ماهی تابه گود

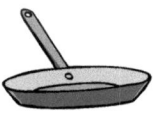

la cazuela
ماهی تابه

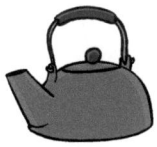

el hervidor
کتری

la vaporera

بخارپز

la chapa de horno

سینی فر

la vajilla

ظرف چینی آشپزخانه

la taza

لیوان

el tazón

کاسه

los palillos

چاپستیک

el cucharón

ملاقه

la espumadera

کفگیر

el batidor

همزن

el colador

آبکش

el cedazo

آبکش

el rallador

رنده

el mortero

هاون

la barbacoa

باربیکیو

la hoguera

محل مخصوص افروختن آتش

la tabla de picar

تخته گوشت و سبزی

el rodillo

وردنه

el sacacorchos

در بطری بازکن

la lata

قوطی

el abrelatas

در قوطی بازکن

el agarrador

دستگیره پارچه ای

el lavabo

سینک ظرفشویی

el cepillo

برس گردگیری

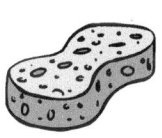

la esponja

اسفنج

la batidora

مخلوط کن

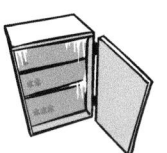

el congelador

فریزر

el biberón

شیشه شیر بچه

el grifo

شیر آب

el cuarto de baño

حمام

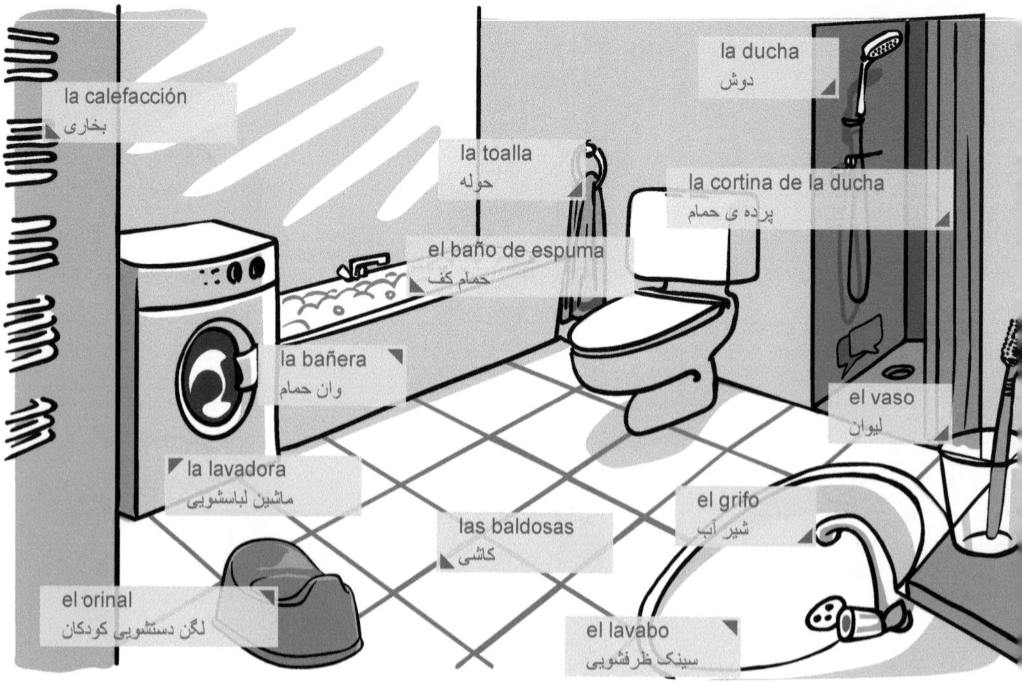

la calefacción
بخاری
la toalla
حوله
la ducha
دوش
la cortina de la ducha
پرده ی حمام
el baño de espuma
حمام کف
la bañera
وان حمام
la lavadora
ماشین لباسشویی
las baldosas
کاشی
el grifo
شیر آب
el vaso
لیوان
el orinal
لگن دستشویی کودکان
el lavabo
سینک ظرفشویی

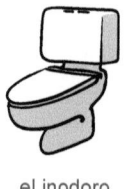

el inodoro

توالت

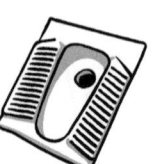

el inodoro rústico

توالت ایرانی

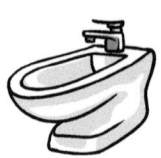

el bidé

کاسه توالت

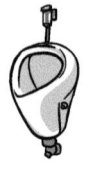

el urinario

توالت مخصوص آقایان

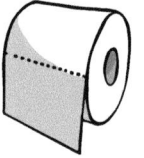

el papel higiénico

دستمال توالت

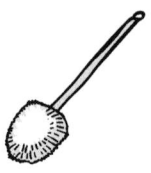

la escobilla del váter

فرچه توالت

el cepillo de dientes

مسواک

la pasta de dientes

خمیردندان

el hilo dental

نخ دندان

lavar

شستن

la ducha de mano

دوش آب تلفنی

la ducha íntima

شلنگ توالت

la pila

لگن روشویی

el cepillo de espalda

برس شست و شوی پشت

el jabón

صابون

el gel de ducha

شامپو بدن

el champú

شامپو

la toallita

لیف حمام

el desagüe

راه آب

la crema

کرم

el desodorante

اسپری دئودورانت

el espejo

آیینه

el espejo de tocador

آیینه ی کوچک دستی

la maquinilla de afeitar

تیغ ریش تراشی

la espuma de afeitar

کف ریش‌تراشی

la loción postafeitado

آفترشیو

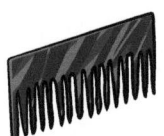

el peine

شانه ی سر

el cepillo

برس

el secador

سشوار

la laca

اسپری مو

el maquillaje

آرایش

el pintalabios

رژلب

el pintauñas

لاک ناخن

el algodón

پنبه

el cortauñas

قیچی ناخن

el perfume

عطر

el estuche de viaje

کیف لوازم آرایشی و بهداشتی

la banqueta

چهارپایه

la balanza

ترازو

el albornoz

حوله ی پالتویی

los guantes de goma

دستکش ظرفشویی

el tampón

تامپون

la compresa

نوار بهداشتی

el inodoro químico

توالت سیار

la habitación de los niños

اتاق بچه

el despertador
ساعت زنگدار
el peluche
نوعی عروسک نرم به شکل حیوانات
el coche de juguete
ماشین اسباب بازی
el sonajero
جغجغه
la casa de muñecas
خانه ی عروسکی
el regalo
کادو

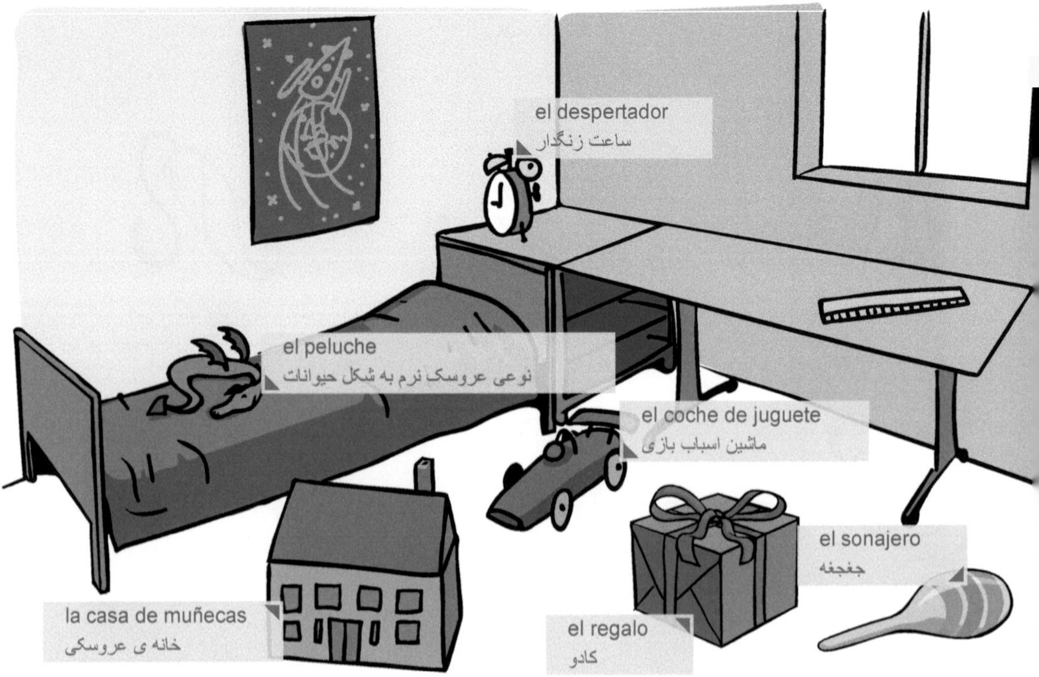

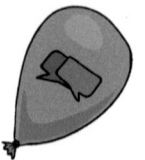

el globo

بادکنک

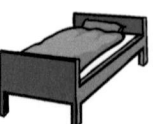

la cama

تخت خواب

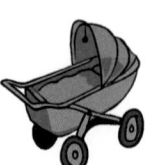

el coche de niño

کالسکه بچه

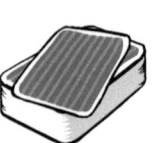

los naipes

بازی ورق

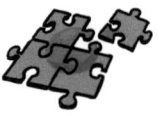

el puzle

پازل

el tebeo

داستان مصور

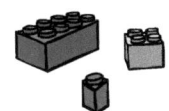

las piezas de lego

اسباب بازی لگو

los bloques de juguete

خانه سازی

la figura de acción

عروسک شخصیت های فیلم و کارتون

el bodi (de bebé)

لباس نوزاد

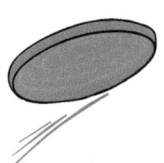

el frisbee

فریزبی

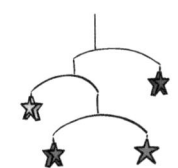

el colgador móvil para bebés

نوعی اسباب بازی که روی تخت نوزاد یا کودک نصب می شود

el juego de mesa

بازی روی صفحه

los dados

تاس

el circuito de tren eléctrico

قطار اسباب بازی

el maniquí

پستانک

la fiesta

مهمانی

el álbum de fotos

کتاب مصور

la pelota

توپ

la muñeca

عروسک

jugar

بازی کردن

el cajón de arena

جعبه شنی مخصوص بازی کودکان

el columpio

تاب

los juguetes

اسباب بازی

la videoconsola

کنسول بازی های کامپیوتری

el triciclo

سه چرخه

el oso de peluche

خرس عروسکی

la guardarropa

کمد لباس

la ropa

لباس

los calcetines

جوراب

las medias

جوراب زنانه ساق بلند

los leotardos

جوراب شلواری

la bufanda
شال

el paraguas
چتر

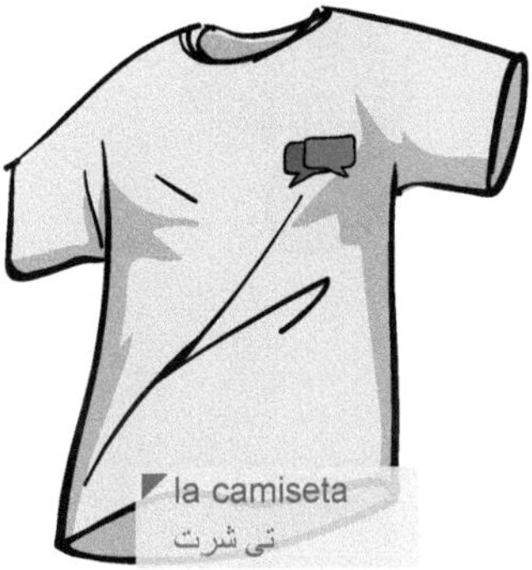

la camiseta
تی شرت

el cinturón
کمربند

las botas
پوتین

las zapatillas
دمپایی

las deportivas
کفش ورزشی کتانی

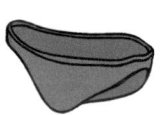

las sandalias
....
صندل

los zapatos
....
کفش

las botas de goma
....
چکمه پلاستیکی

el slip
....
شرت

el sostén
....
سوتین

el chaleco
....
جلیقه

el bodi

بادی

los pantalones cortos

شلوار

los vaqueros

جین

la falda

دامن

la blusa

بلوز

la camisa

پیراهن

el jersey

پولیور

el suéter

سویی شرت

el blazer

نوعی کت

la chaqueta

ژاکت

el abrigo

کت بلند

la gabardina

بارانی

el traje

لباس نمایش

el vestido

لباس

el vestido de novia

لباس عروس

el traje

كت و شلوار

el camisón

لباس خواب زنانه

el pijama

پیژامه

el sati

ساری

el bandana

روسری

el turbante

عمامه

la burka

برقع

el caftán

قبا

la abaya

عبا

el traje de baño

لباس شنا

el bañador

شرت شنا

los pantalones cortos

شلوارک

el chándal

لباس ورزشی

el delantal

پیشبند

los guantes

دستکش

el botón

دکمه

las gafas

عینک

el brazalete

دستبند

el collar

گردنبند

el anillo

انگشتر

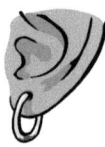

el pendiente

گوشواره

la gorra

کلاه لبه دار

la percha

چوب لباسی

el sombrero

کلاه

la corbata

کراوات

la cremallera

زیپ

el casco

کلاه ایمنی

los tirantes

بند شلوار

el uniforme

لباس مدرسه

el uniforme

لباس فرم

el babero

پیش بند بچه

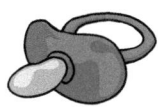

el maniquí

پستانک

el pañal

پوشک بچه

la oficina

اداره

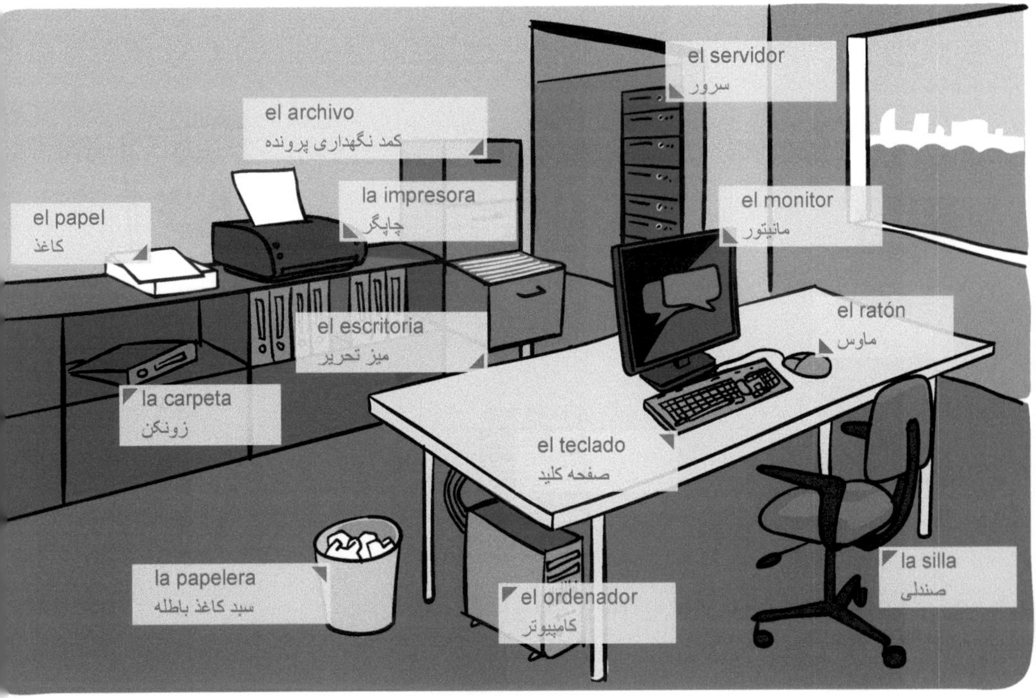

el servidor
سرور

el archivo
کمد نگهداری پرونده

la impresora
چاپگر

el monitor
مانیتور

el papel
کاغذ

el escritoria
میز تحریر

el ratón
ماوس

la carpeta
زونکن

el teclado
صفحه کلید

la silla
صندلی

la papelera
سبد کاغذ باطله

el ordenador
کامپیوتر

la taza de café

لیوان قهوه

la calculadora

ماشین حساب

el internet

اینترنت

el portátil

لپ تاپ

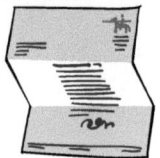

la carta

نامه

el mensaje

پیغام

el móvil

تلفن همراه

la red

شبکه ی ارتباطی

la fotocopiadora

دستگاه فتوکپی

el software

نرم افزار

el teléfono

تلفن

la toma de corriente

پریز

el fax

دستگاه فاکس

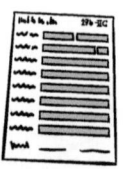

el formulario

فرم

el documento

مدرک

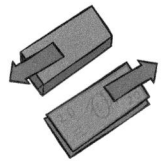

comprar

خريدن

pagar

پرداخت کردن

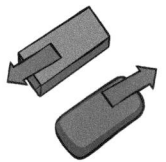

comerciar

تجارت کردن

el dinero

پول

el dólar

دلار

el euro

یورو

el yen

ین

el rublo

روبل

el franco suizo

فرانک سوئیس

el renminbi yuan

یوان رنمینبی

la rupia

روپیه

el cajero automático

دستگاه خودپرداز

la oficina de cambio de
divisas
....
صرافی

el oro
....
طلا

la plata
....
نقره

el petróleo
....
نفت

la energía
....
انرژی

el precio
....
قیمت

el contrato
....
قرارداد

el impuesto
....
مالیات

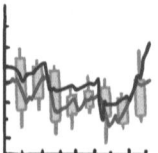

la acción
....
سهام سرمایه

trabajar
....
کار کردن

el empleador
....
کارمند

el empleador
....
کارفرما

la fábrica
....
کارخانه

la tienda de campaña
....
مغازه

los oficios
مشاغل

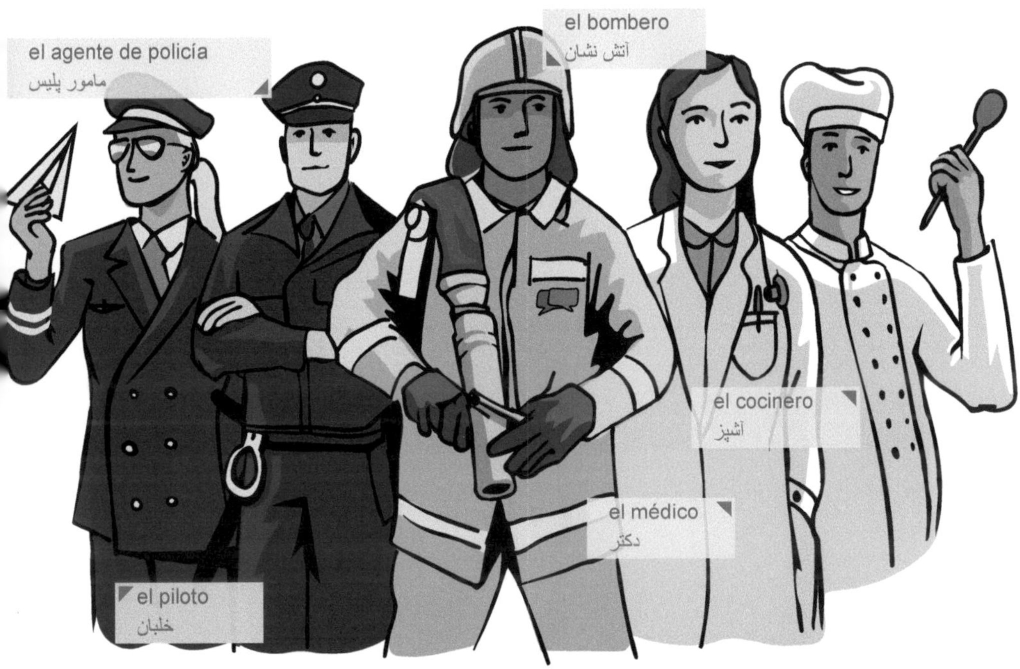
el bombero
آتش نشان
el agente de policía
مامور پلیس
el cocinero
آشپز
el médico
دکتر
el piloto
خلبان

el jardinero
باغبان

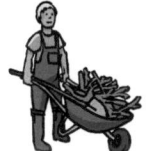

el carpintero
نجار

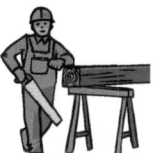

la costurera
خیاط زنانه

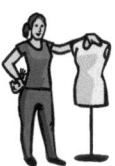

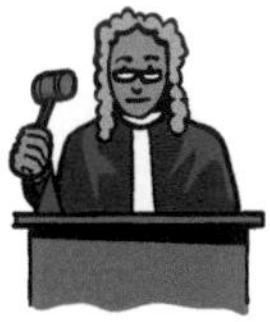

el juez
قاضی

el farmacéutico
شیمیدان

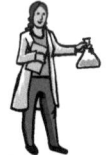

el actor
بازیگر

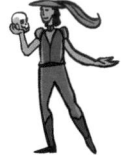

el conductor de autobús

راننده اتوبوس

la señora de la limpieza

نظافتچی زن

el cazador

شکارچی

el electricista

برقکار

el carnicero

قصاب

el taxista

راننده تاکسی

el techador

سقف ساز

el pintor

نقاش

el obrero

کارگر ساختمانی

el fontanero

لوله کش

el pescador

ماهیگیر

el camarero

پیشخدمت رستوران

el panadero

نانوا

el ingeniero

مهندس

el cartero

پستچی

el soldado

سرباز

el arquitecto

معمار

el cajero

صندوقدار

el florista

گل فروش

el peluquero

آرایشگر

el revisor

مامور کنترل بلیط در قطار

el mecánico

مکانیک

el capitán

ناخدا

el dentista

دندانپزشک

el científico

دانشمند

el rabino

عالم یهودی

el imán

امام

el monje

راهب

el sacerdote

کشیش

las herramientas

ابزارآلات

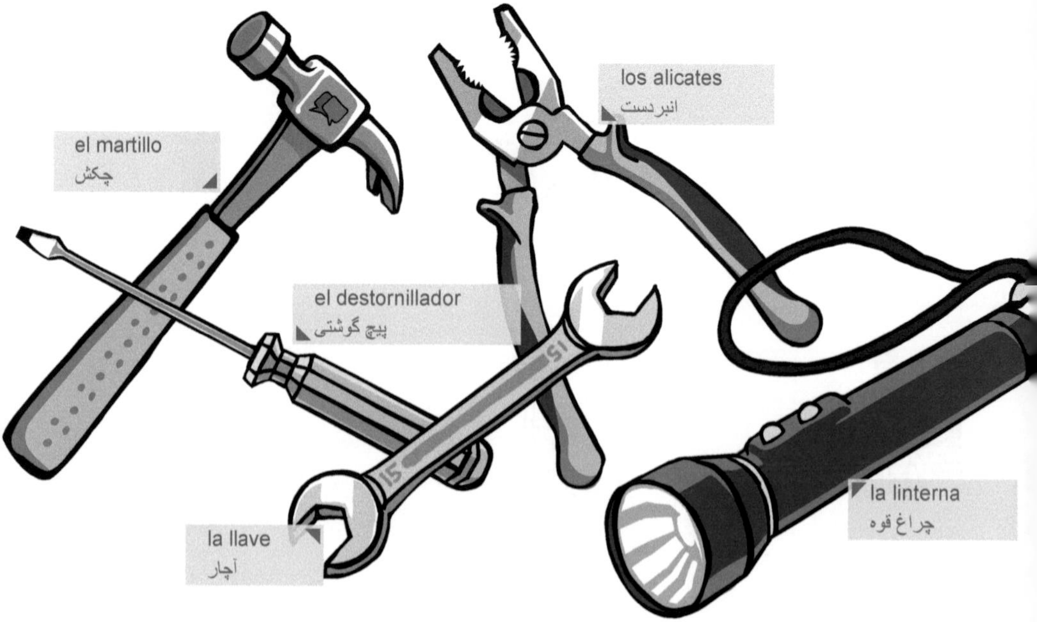
los alicates
انبردست
el martillo
چکش
el destornillador
پیچ گوشتی
la llave
آچار
la linterna
چراغ قوه

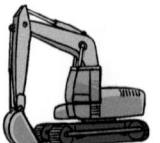

la excavadora

بیل مکانیکی

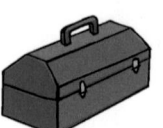

la caja de herramientas

جعبه ابزار

la escalera de mano

نردبان

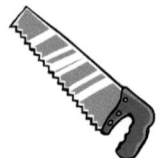

la sierra

ارّه

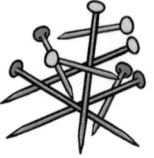

los clavos

میخ

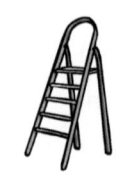

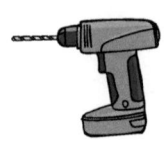

el taladro

مته

reparar

تعمیر کردن

la pala

بیل

¡Maldita sea!

لعنتی!

el recogedor

خاک انداز

el bote de pintura

سطل رنگرزی

los tornillos

پیچ

los instrumentos musicales

آلات موسیقی

el altavoz
بلندگو

la batería
درامز

la guitarra
گیتار

el contrabajo
کنترباس

la trompeta
ترومپت

el piano

پیانو

el violín

ویولن

bajo

گیتار بیس

los timbales

تیمپانی

el tambor

طبل

el teclado

کیبورد الکتریک

el saxofón

ساکسیفون

la flauta

فلوت

el micrófono

میکروفون

el zoo
باغ وحش

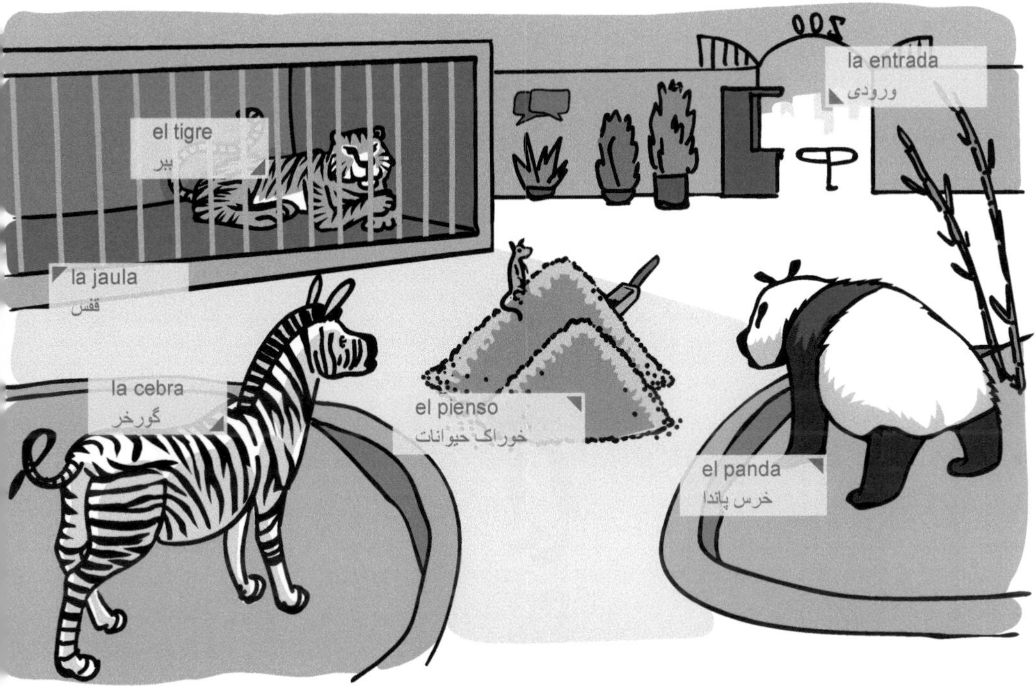
la entrada
ورودی
el tigre
ببر
la jaula
قفس
la cebra
گورخر
el pienso
خوراک حیوانات
el panda
خرس پاندا

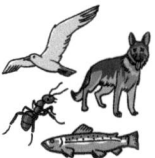

los animales
حیوانات

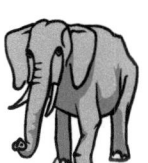

el elefante
فیل

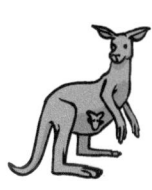

el canguro
کانگورو

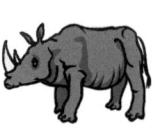

el rinoceronte
کرگدن

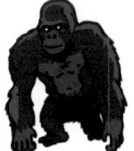

el gorila
گوریل

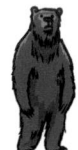

el oso
خرس

el camello

شتر

el avestruz

شترمرغ

el león

شیر

el mono

میمون

el flamingo

فلامینگو

el loro

طوطی

el oso polar

خرس قطبی

el pingüino

پنگوئن

el tiburón

کوسه

el pavo real

طاووس

la serpiente

مار

el cocodrilo

تمساح

el guardián de zoológico

نگهبان باغ وحش

la foca

خوک آبی

el jaguar

پلنگ امریکایی

el poni

اسب کوچک

el leopardo

پلنگ

el hipopótamo

اسب آبی

la jirafa

زرافه

el águila

عقاب

el jabalí

گراز

el pescado

ماهی

la tortuga

لاک پشت

la morsa

شیرماهی

el zorro

روباه

la gacela

غزال

el fútbol americano
فوتبال آمریکایی

el ciclismo
دوچرخه سواری

el tenis
تنیس

el baloncesto
بسکتبال

la natación
شنا

el boxeo
بوکس

el hockey sobre hielo
هاکی روی یخ

el fútbol

فوتبال

el bádminton

بدمینتون

el atletismo

دوومیدانی

el balonmano

هندبال

el esquí

اسکی

el polo

پولو

las actividades
فعالیت ها

saltar
پریدن
abrazar
بغل کردن
reír
خندیدن
caminar
راه رفتن
cantar
آواز خواندن
soñar
رؤیا دیدن
rezar
دعا کردن
besar
بوسیدن

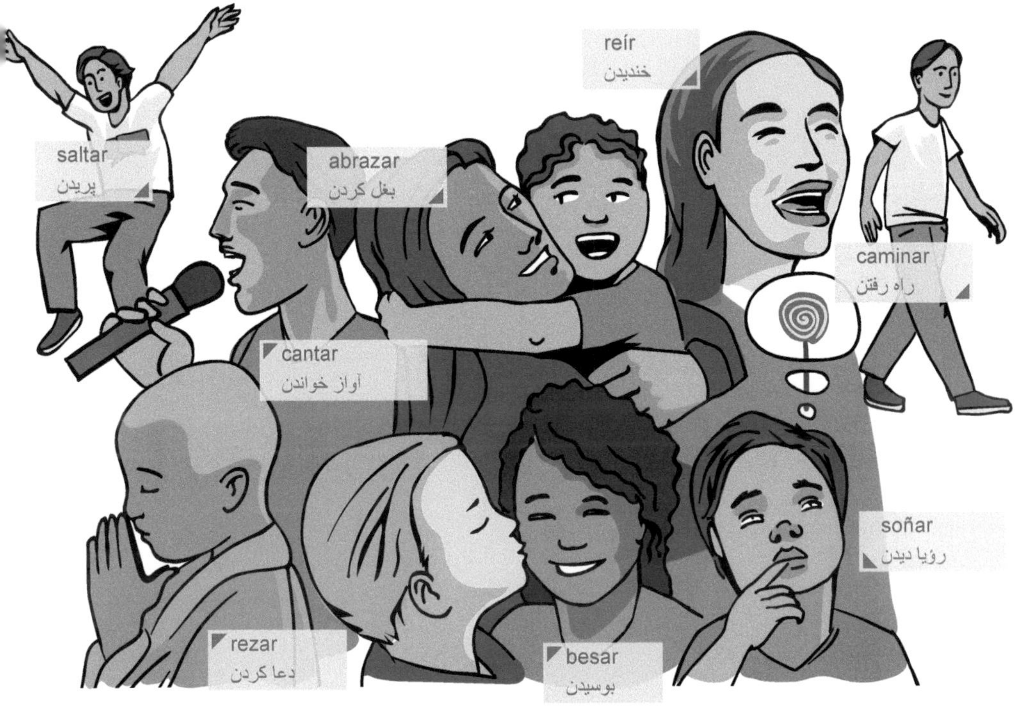

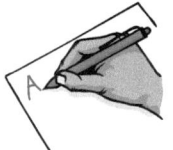

escribir
نوشتن

dibujar
رسم کردن

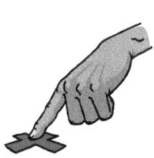

mostrar
نشان دادن

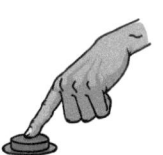

empujar
هل دادن

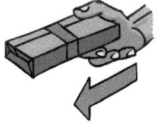

dar
دادن

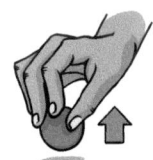

tomar
برداشتن

tener

داشتن

hacer

انجام دادن

ser

بودن

estar de pie

ایستادن

correr

دویدن

tirar

کشیدن

tirar

پرتاب کردن

caer

افتادن

yacer

دراز کشیدن

esperar

منتظر بودن

llevar

حمل کردن

estar sentado

نشستن

vestirse

لباس پوشیدن

dormir

خوابیدن

despertar

بیدار شدن

mirar

تماشا کردن

llorar

گریه کردن

acariciar

نوازش کردن

peinar

شانه کردن

hablar

حرف زدن

entender

فهمیدن

preguntar

پرسیدن

escuchar

شنیدن

beber

آشامیدن

comer

خوردن

ordenar

مرتب کردن

amar

عاشق بودن

cocinar

پختن

conducir

رانندگی کردن

volar

پرواز کردن

navegar

قایقرانی کردن

calcular

محاسبه کردن

leer

خواندن

aprender

یاد گرفتن

trabajar

کار کردن

casarse

ازدواج کردن

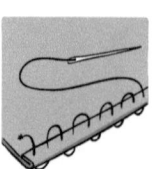

coser

دوختن

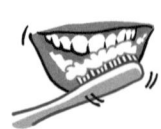

cepillarse los dientes

مسواک زدن

matar

کشتن

fumar

سیگار کشیدن

enviar

فرستادن

la familia

خانواده

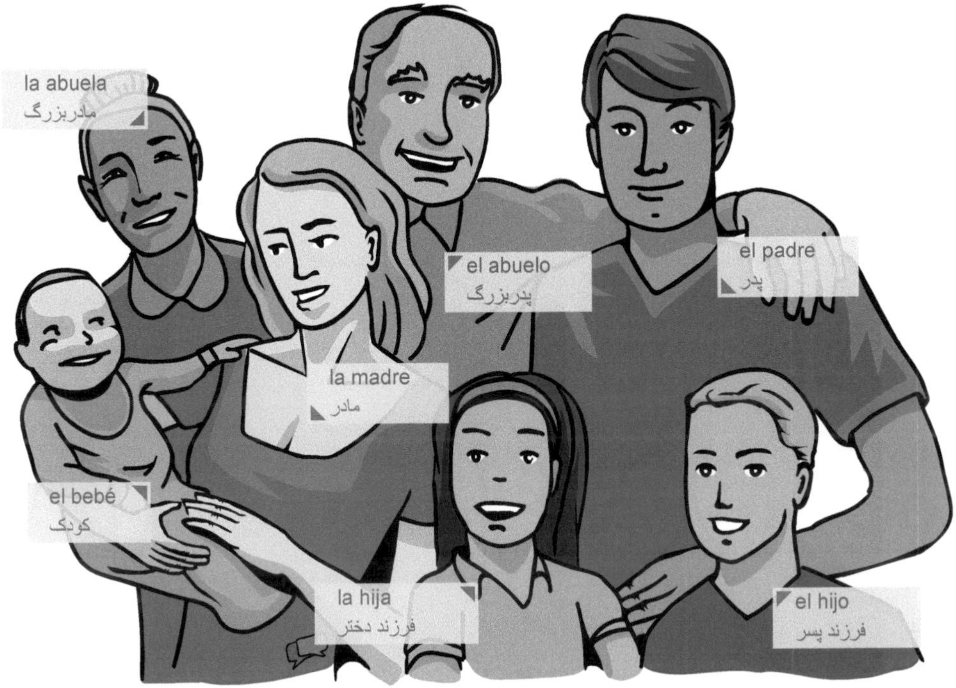

la abuela
مادربزرگ
el abuelo
پدربزرگ
el padre
پدر
la madre
مادر
el bebé
کودک
la hija
فرزند دختر
el hijo
فرزند پسر

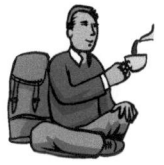

el invitado

مهمان

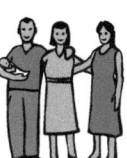

la tía

خاله، عمه

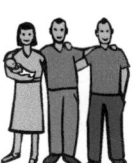

el tío

دایی، عمو

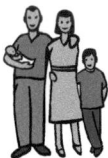

el hermano

برادر

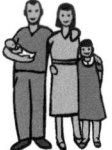

la hermana

خواهر

el cuerpo
بدن

la frente
پیشانی
el ojo
چشم
el hombro
شانه
el dedo
انگشت دست
la cara
صورت
la barbilla
چانه
la mano
دست
la pierna
ساق پا
el pecho
سینه
el brazo
بازو

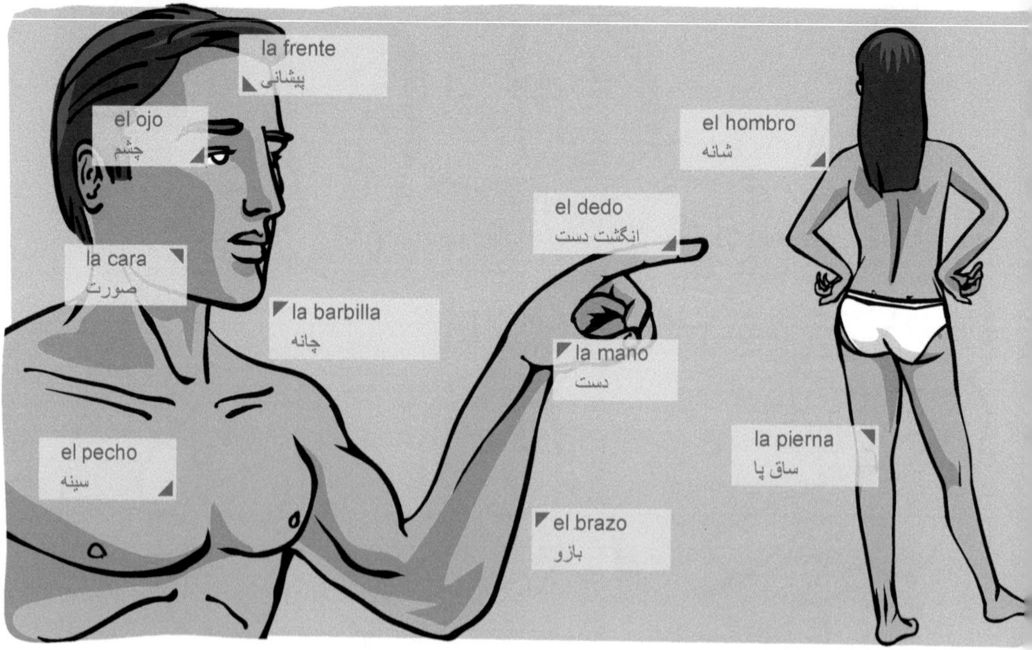

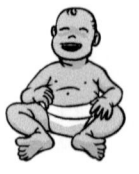

el bebé

کودک

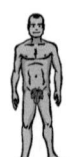

el hombre

مرد

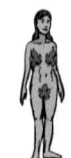

la mujer

زن

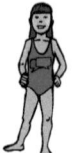

la chica

دختربچه

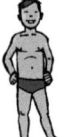

el chico

پسربچه

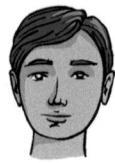

la cabeza

کله

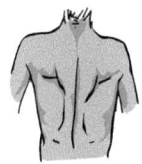

la espalda

کمر

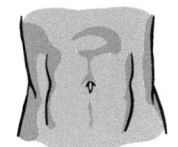

el vientre

شکم

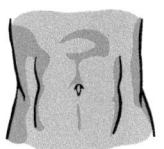

el ombligo

ناف

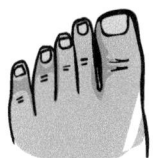

el dedo del pie

انگشت پا

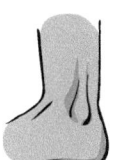

el talón

پاشنه

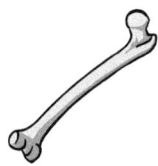

el hueso

استخوان

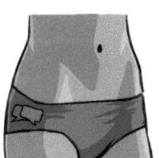

la cadera

لگن

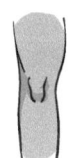

la rodilla

زانو

el codo

آرنج

la nariz

بینی

el trasero

نشیمنگاه

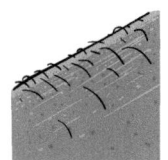

la piel

پوست

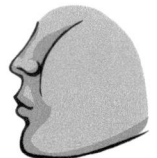

la mejilla

گونه

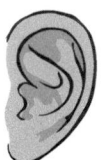

el oído

گوش

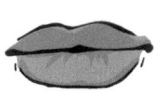

el labio

لب

la boca

دهان

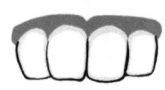

el diente

دندان

la lengua

زبان

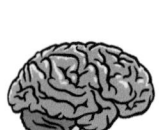

el cerebro

مغز

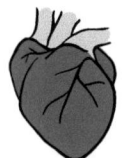

el corazón

قلب

el músculo

عضله

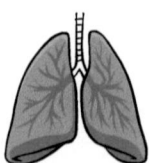

el pulmón

ریه

el hígado

کبد

el estómago

معده

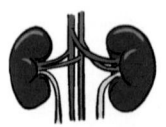

los riñones

کلیه

el sexo

آمیزش جنسی

el condón

کاندوم

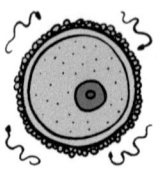

el ovario

تخمک

el semen

اسپرم

el embarazo

حاملگی

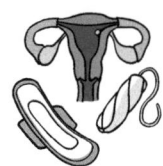

la menstruación

پریود

la vagina

واژن

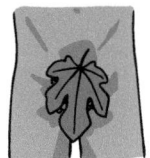

el pene

آلت تناسلی مرد

la ceja

ابرو

el pelo

مو

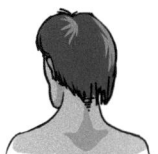

el cuello

گردن

el hospital
بیمارستان

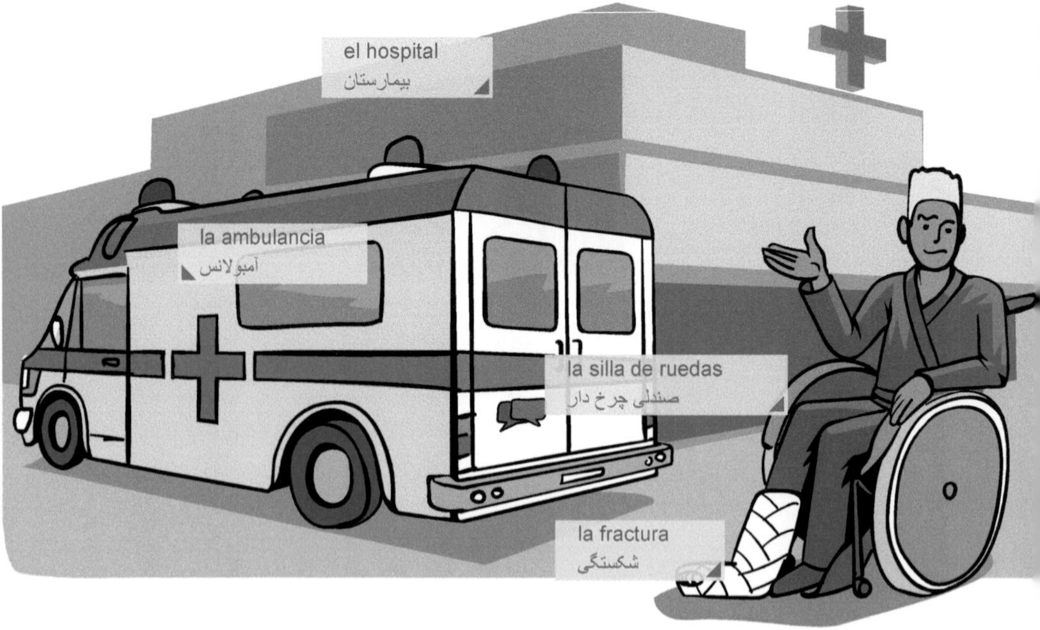

el hospital
بیمارستان
la ambulancia
آمبولانس
la silla de ruedas
صندلی چرخ دار
la fractura
شکستگی

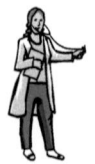

el médico

دکتر

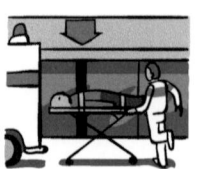

la sala de urgencias

بخش اورژانس

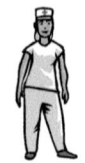

la enfermera

پرستار

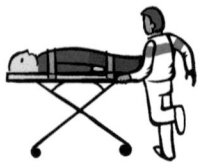

la urgencia

موقعیت اضطراری

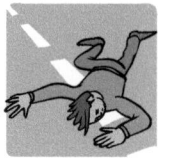

inconsciente

بی هوش

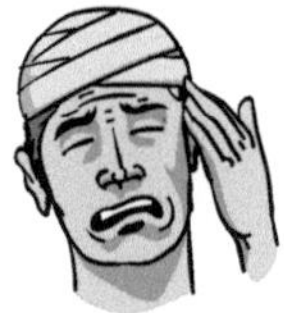

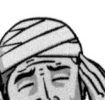

el dolor

درد

la lesión

مصدومیت

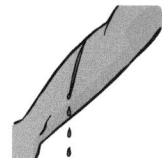

la hemorragia

خونریزی

el infarto

سکته قلبی

el ictus

سکته مغزی

la alergia

آلرژی

la tos

سرفه

la fiebre

تب

la gripe

آنفولانزا

la diarrea

اسهال

el dolor de cabeza

سردرد

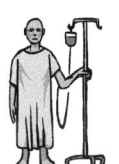

el cáncer

سرطان

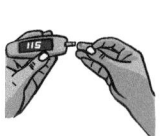

la diabetes

دیابت

el cirujano

جراح

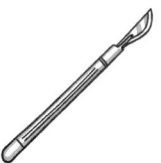

el bisturí

چاقوی جراحی

la operación

عمل جراحی

TAC

سی تی اسکن

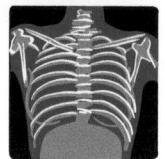

los rayos x

پرتونگاری

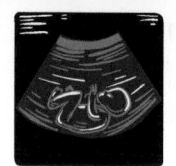

el ultrasonido

سونوگرافی

la mascarilla

ماسک صورت

la enfermedad

بیماری

la sala de espera

اتاق انتظار

la muleta

چوب زیر بغل

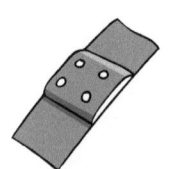

la tirita

چسب زخم

la venda

پانسمان

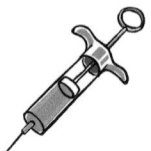

la inyección

تزریق

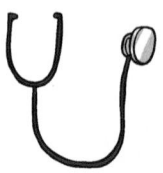

el estetoscopio

گوشی طبی

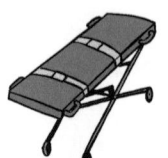

la camilla

برانکار

el termómetro

دماسنج

el nacimiento

زایش

el sobrepeso

اضافه وزن

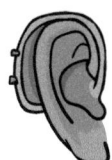

el audífono

سمعک

el desinfectante

ماده ضد غفونی کننده

la infección

عفونت

el virus

ویروس

VIH / SIDA

اچ آی وی / ایدز

la medicina

دارو

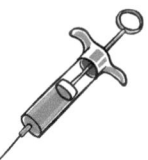

la vacunación

واکسیناسیون

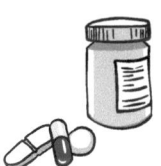

las tabletas

قرص

la pastilla

قرص ضد حاملگی

la llamada de urgencia

تماس اظطراری

el tensiómetro

دستگاه اندازه گیری فشارخون

enfermo / sano

مریض / سالم

¡Socorro!

کمک!

la alarma

آژیر خطر

el asalto

حمله

el ataque

حمله ی فیزیکی

el peligro

خطر

la salida de emergencia

خروج اظطراری

¡Fuego!

آتش

el extintor de incendios

کپسول آتش نشانی

el accidente

تصادف

el botiquín de primeros
auxilios

جعبه کمک های اولیه

SOS

درخواست کمک

la policía

پلیس

Europa

اروپا

Norteamérica

آمریکای شمالی

Sudamérica

آمریکای جنوبی

África

آفریقا

Asia

آسیا

Australia

استرالیا

el atlántico

اقیا نوس اطلس

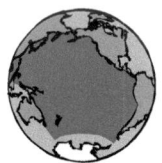

el Pacífico

اقیانوس آرام

el Océano Índico

اقیانوس هند

el Océano Antártico

اقیا نوس اطلس جنوبی

el Océano Ártico

اقیانوس منجمد شمالی

el polo norte

قطب شمال

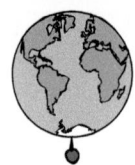

el polo sur

قطب جنوب

La Antártida

قاره قطب جنوب

la tierra

کره زمین

la tierra

سرزمین

el mar

دریا

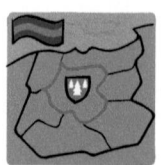

la isla

جزیره

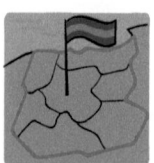

la nación

ملت

el estado

کشور

la esfera

صفحه ی ساعت

la manecilla de las horas

ساعت شمار

el minutero

دقیقه شمار

el segundero

ثانیه شمار

¿Qué hora es?

ساعت چند است؟

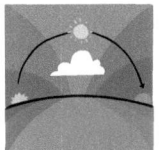

el día

روز

el tiempo

زمان

ahora

اکنون

el reloj digital

ساعت دیجیتال

el minuto

دقیقه

la hora

ساعت

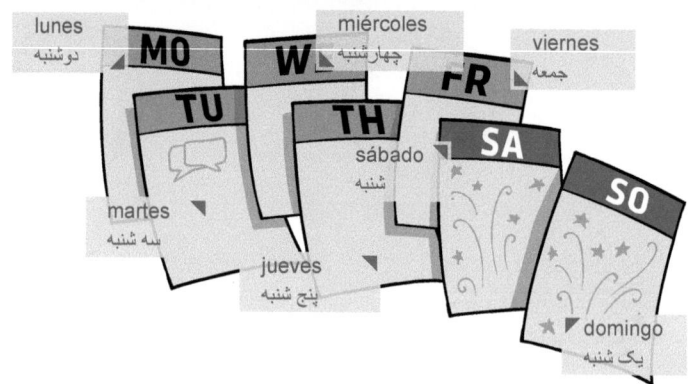

lunes
دوشنبه

miércoles
چهارشنبه

viernes
جمعه

martes
سه شنبه

sábado
شنبه

jueves
پنج شنبه

domingo
یک شنبه

ayer

دیروز

hoy

امروز

mañana

فردا

la mañana

صبح

el mediodía

ظهر

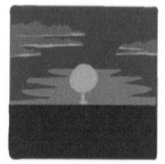

la tarde

غروب

MO	TU	WE	TH	FR	SA	SU
1	2	3	4	5	6	7
8	9	10	11	12	13	14
15	16	17	18	19	20	21
22	23	24	25	26	27	28
29	30	31	1	2	3	4

los días laborables

روزهای کاری

MO	TU	WE	TH	FR	SA	SU
1	2	3	4	5	6	7
8	9	10	11	12	13	14
15	16	17	18	19	20	21
22	23	24	25	26	27	28
29	30	31	1	2	3	4

el fin de semana

آخر هفته

la lluvia
باران

el arcoíris
رنگین کمان

la nieve
برف

el viento
باد

la primavera
بهار

el otoño
پاییز

el verano
تابستان

el invierno
زمستان

4.APRIL	11°	☀
5.APRIL	4°	⛅
6.APRIL	13°	☂
7.APRIL	8°	☀
8.APRIL	10°	☀

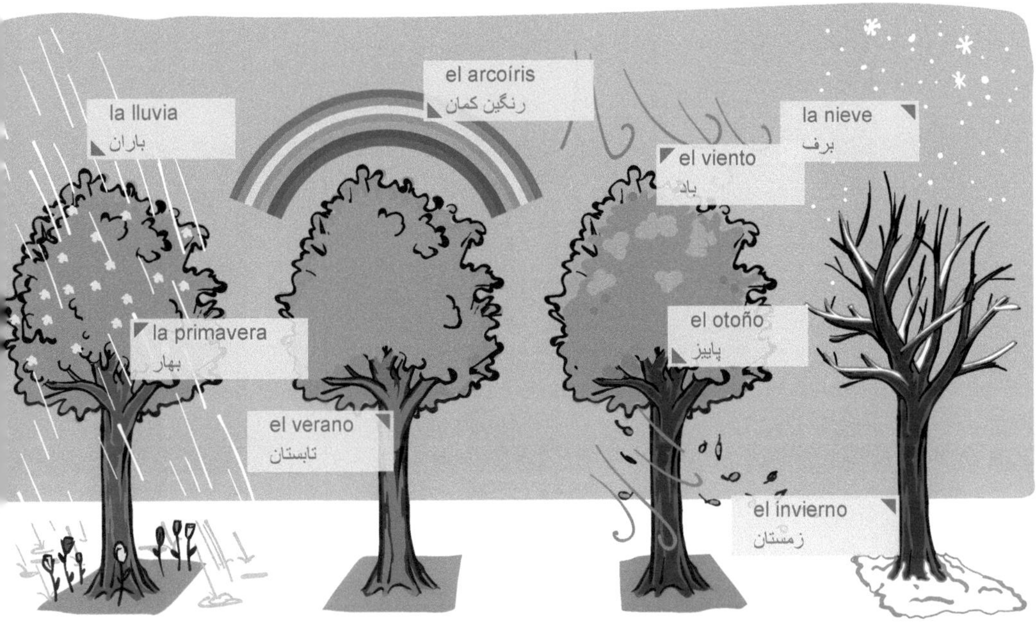

el pronóstico del tiempo

پیش‌بینی اوضاع جوی

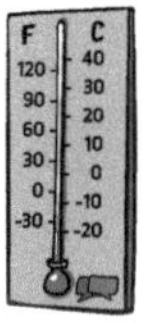

el termómetro

دماسنج

el sol

تابش آفتاب

la nube

ابر

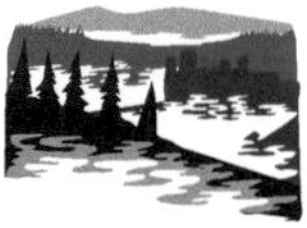

la niebla

مه

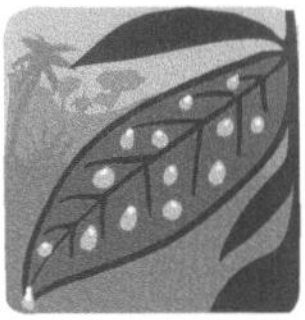

la humedad

رطوبت هوا

el rayo

صاعقه

el trueno

آسمان غره

la tormenta

طوفان

el granizo

تگرگ

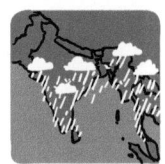

el monzón

باد موسمی

la inundación

سیل

el hielo

یخ

enero

ژانویه

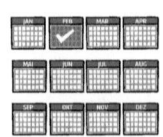

febrero

فوریه

marzo

مارس

abril

آوریل

mayo

مه

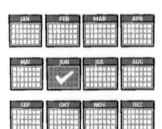

junio

ژوئن

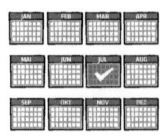

julio

ژوئیه

agosto

آگوست

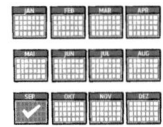

septiembre

سپتامبر

octubre

اكتبر

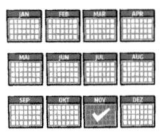

noviembre

نوامبر

diciembre

دسامبر

las formas

أشكال

el círculo

دايره

el cuadrado

مربع

el rectángulo

مستطيل

el triángulo

سه گوش

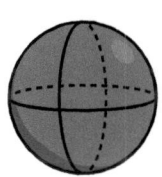

la esfera

گره

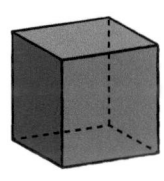

el cubo

مكعب مربع

blanco

سفید

amarillo

زرد

anaranjado

نارنجی

rosa

صورتی

rojo

قرمز

morado

بنفش

azul

آبی

verde

سبز

marrón

قهوه ای

gris

خاکستری

negro

سیاه

mucho / poco

خیلی / کم

enojado / tranquilo

خشمگین / آرام

bonito / feo

زیبا / زشت

principio / fin

شروع / پایان

grande / pequeño

بزرگ / کوچک

claro / oscuro

روشن / تیره

el hermano / la hermana

برادر / خواهر

limpio / sucio

تمیز / آلوده

completo / incompleto

کامل / ناقص

el día / la noche

روز / شب

muerto / vivo

مرده / زنده

ancho / estrecho

پهن / باریک

comestible / no comestible

قابل خوردن / غیر قابل خوردن

malo / amable

غضبناک / مهربان

entusiasmado / aburrido

هیجان زده / بی حوصله

gordo / delgado

چاق / لاغر

primero / último

اولین / أخرین

el amigo / el enemigo

دوست / دشمن

lleno / vacío

پر / خالی

duro / blando

سفت / نرم

pesado / ligero

سنگین / سبک

el hambre / la sed

گرسنگی / تشنگی

enfermo / sano

مریض / سالم

ilegal / legal

غیرقانونی / قانونی

inteligente / tonto

باهوش / خنگ

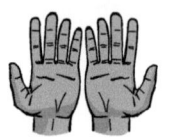

izquierda / derecha

چپ / راست

cerca / lejos

نزدیک / دور

nuevo / usado

نو / استفاده شده

nada / algo

هیچ چیز / چیزی

viejo / joven

پیر / جوان

encendido / apagado

روشن / خاموش

abierto / cerrado

باز / بسته

silencioso / ruidoso

آهسته / بلند

rico / pobre

ثروتمند / فقیر

correcto / incorrecto

درست / غلط

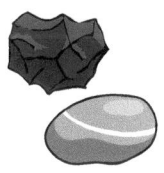

áspero / suave

زبر / صاف

triste / contento

غمگین / خوشحال

corto / largo

کوتاه / بلند

lento / rápido

کند / تند

húmedo / seco

تَر / خشک

cálido / frío

گرم / خنک

guerra / paz

جنگ / صلح

0

cero

صفر

1

uno

یک

2

dos

دو

3

tres

سه

4

cuatro

چهار

5

cinco

پنج

6

seis

شش

7

siete

هفت

8

ocho

هشت

9

nueve

نه

10

diez

دَه

11

once

یازده

12

doce

دوازده

13

trece

سیزده

14

catorce

چهارده

15

quince

پانزده

16

dieciséis

شانزده

17

diecisiete

هفده

18

dieciocho

هجده

19

diecinueve

نوزده

20

veinte

بیست

100

cien

صد

1.000

mil

هزار

1.000.000

el millón

میلیون

el inglés

انگلیسی

el inglés americano

انگلیسی آمریکایی

el chino madarín

چینی ماندارین

el hindi

هندی

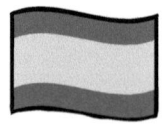

el español

اسپانیایی

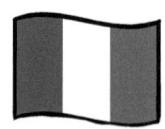

el francés

فرانسوی

el árabe

عربی

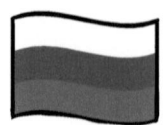

el ruso

روسی

el portugués

پرتغالی

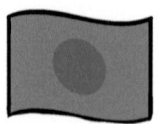

el bengalí

بنگالی

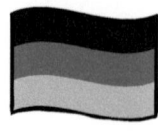

el alemán

آلمانی

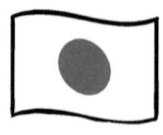

el japonés

ژاپنی

yo

من

tú

تو

él / ella / ello

او

nosotros/as

ما

vosotros/as

شما

ellos/as

آنها

¿quién?

چه کسی؟ کی؟

¿qué?

چی؟

¿cómo?

چگونه؟

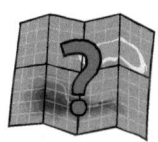

¿dónde?

کجا؟

¿cuándo?

کی؟

el nombre

نام

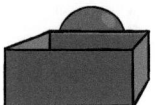

detrás

پشت

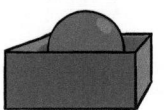

en

توی

delante de

جلو

por encima de

بالای

sobre

روی

debajo de

زیر

junto a

مجاور

entre

بین

el lugar

مکان